ERKENNTNISSE UND WEISHEITEN FÜR EINE EFFIZIENTE PROJEKTARBEIT

Dietmar Prudix

Was schon lange über Projektmanagement bekannt ist

AF175573

Dietmar Prudix

ERKENNTNISSE UND WEISHEITEN FÜR EINE EFFIZIENTE PROJEKTARBEIT

Bibliografische Information der Deutschen Nationalbibliothek:

Die Deutsche Nationalbibliothek verzeichnet diese Publikation in der Deutschen Nationalbibliografie; detaillierte bibliografische Daten sind im Internet über http://dnb.dnb.de abrufbar.

Lektorat: Celina Scheufler

Herstellung und Verlag: BoD – Books on Demand, Norderstedt

ISBN: 978-3-7557-5927-0

Vorwort

Hier wird das Thema Projektmanagement durch kurze, knappe, prägnante – aber treffende Aussagen beleuchtet und so auf den Punkt gebracht.

Mehr braucht dazu nicht gesagt werden.

Projektmanagement ist kein neues Thema mit neuen Erwartungen, schon in der Bibel wird es erwähnt.

Heute reicht es mitten in unsere Gesellschaft und in unsere Zeit. Es bestimmt und determiniert unsere Einstellungen, Haltungen und Werte im Umgang mit komplexen Aufgaben und Systemen.

Mit einer jeweils erlebbaren Präzision wird schlagartig sichtbar, welche Bedeutung einzelne Aspekte bekommen und schon haben.

Dabei steht der Projektleiter stets im Fokus – zumindest, wenn es an das Verteilen von Schuld geht. Dabei lernt man am besten durch die Fehler der anderen.

Damit jeder Erfahrung besonders wirken kann, bekommt sie eine eigene Seite und steht somit zentral in unserem Leben.

Sindelfingen, Januar 2022

Nicht weil es schwer ist, wagen wir es nicht,

sondern weil wir es nicht wagen, ist es schwer.

Seneca

Manchmal muss man vom Wege abkommen,

um nicht auf der Strecke zu bleiben.

Volksmund

Wege entstehen dadurch,

dass man sie geht.

Franz Kafka

Phantasie ist wichtiger als Wissen,

denn Wissen ist begrenzt.

Albert Einstein

Ich kenne meine Grenzen,

ich überschreite sie ja oft genug.

Unbekannt

Wenn ich Dir Recht gebe,

liegen wir beide falsch.

Volksmund

Umwege erhöhen die Ortskenntnis.

Unbekannt

Besser ist nie schlecht.

Schwäbische Weisheit aus Oberkochen

Der

Beginn

ist

der

wichtigste

Teil

der

Arbeit.

Platon

Logik wird Dich von A nach B bringen,

Phantasie wohin Du willst.

Unbekannt

Kaum verloren wir das Ziel aus den Augen,

verdoppelten wir unsere Anstrengungen.

Mark Twain

Wer kämpft, kann verlieren.

Wer nicht kämpft, hat schon verloren.

Bertolt Brecht

Wenn Du eine weise Antwort verlangst,

musst Du vernünftig fragen.

Johann Wolfgang von Goethe

Wer einen Fehler gemacht hat

und ihn nicht korrigiert,

begeht einen zweiten.

Konfuzius

Suche nicht nach Fehlern,

suche nach Lösungen.

Henry Ford

Die größte Entscheidung Deines Lebens liegt darin,

dass Du Dein Leben ändern kannst,

indem Du Deine Geisteshaltung änderst.

Albert Schweitzer

Nur wer sein Ziel kennt,

findet den Weg.

Laozi

Gib jedem

Tag die

Chance, der

schönste

Deines Lebens

zu sein.

Mark Twain

Nicht das Beginnen wird belohnt, sondern einzig und allein das Durchhalten.

Katharina von Siena

Die beste und

sicherste

Tarnung ist

immer noch

die blanke

und nackte

Wahrheit.

Max Frisch

Es gehört oft mehr Mut dazu, seine Meinung zu ändern als ihr treu zu bleiben.

Friedrich Hebbel

Probleme kann man
niemals mit derselben
Denkweise lösen,
durch die sie
entstanden sind.

Albert Einstein

Viele sind hartnäckig in Bezug auf den einmal eingeschlagenen Weg, wenige in Bezug auf das Ziel.

Friedrich Nietzsche

Nehmen Sie die Menschen,
wie sie sind,
es gibt keine anderen.

Konrad Adenauer

Wenn man sich selbst zu einem niedrigen Preis verkauft, wird niemand anderes diesen Preis erhöhen.

Wilson

Fordere viel von Dir selbst und erwarte wenig von den anderen.

So wird Dir viel Ärger erspart bleiben.

Konfuzius

Es wird immer gleich ein wenig anders,

wenn man es ausspricht.

Herman Hesse

Verstehen kann man das Leben rückwärts,

leben muss man es aber vorwärts.

Soeren Kirkegaard

Das Geheimnis
des Erfolges ist,
den Standpunkt
des anderen zu
verstehen.

Henry Ford

Der Hörer, nicht der Sprecher bestimmt die Bedeutung einer Aussage.

Heinz von Foerster

Handle stets so,

dass weitere

Möglichkeiten

Entstehen.

Heinz von Foerster

Objektivität ist die Illusion,

dass Beobachtungen ohne

einen Beobachter gemacht

werden können.

Heinz von Foerster

Man sieht nur, was man glaubt.

Humberto Maturana

Man hilft den Menschen nicht,

wenn man für Sie tut,

was sie selbst tun können.

Abraham Lincoln

Jeder meint,

dass seine

Wirklichkeit

die richtige

Wirklichkeit

ist.

Hilde Domin

Ich beschäftige mich nicht mit dem, was getan worden ist. Mich interessiert, was getan werden muss.

Marie Curie

Solange man selbst redet,

erfährt man nichts.

Marie von Ebner-Eschenbach

Wer A sagt,
muss nicht B sagen.
Er kann auch erkennen,
dass A falsch war.

Bertold Brecht

Man kann niemanden überholen,

wenn man in seine Fußstapfen tritt.

Francois Truffault

Wer einen großen Sprung machen will, muss einige Schritte zurückgehen.

Anonym

Was nicht auf einer einzigen Seite

zusammengefasst werden kann,

ist weder durchdacht

noch entscheidungsreif.

Dwight D. Eisenhower

Um an die Quelle zu kommen,

muss man gegen den Strom schwimmen.

Stanislaw Lec

Probleme sind Gelegenheiten

zu zeigen, was man kann.

Duke Ellington

Ich muss die Tatsachen kennen, bevor ich sie verdrehen kann.

Mark Twain

Einen Weg wählen heißt,

andere Wege aufzugeben.

Pauli Coelho

Wer

sein

Ziel

kennt,

findet

den

Weg.

Laotse

Nichts kann den Menschen

mehr stärken als das Vertrauen,

dass man ihm entgegenbringt.

Adolf von Harnack

Lieber ungefähr richtig

als ganz genau falsch.

Franz Josef Strauss

Niemand plant zu versagen,

aber die meisten versagen beim Planen.

Unbekannt

Der Gebildete treibt die Genauigkeit nicht weiter,

als es der Natur der Sache entspricht.

Aristoteles

Nichts ist schlimmer als Paralyse durch Analyse.

Ernst G. Stoeckl

Ein schlecht geplantes Projekt wird dreimal so lang
dauern wie geplant,
ein gut geplantes nur doppelt so lang.

Unbekannt

Wer sich zu wichtig für kleinere Aufgaben hält,

ist meistens zu klein für wichtige Aufgaben.

Jacque Tati

Denn wer ist unter euch,

der einen Turm bauen will

und setzt sich nicht zuvor hin

und überschlägt die Kosten,

ob er genug habe,

um es auszuführen?

Lukas 14,28

Wer sich auf seinen Lorbeeren ausruht,

trägt sie an der falschen Stelle.

Heiner Geißler

Fast – Cheap – good

You can have any two

Unbekannt

Um etwas zu lernen,

muss man es tun,

bevor man es kann.

Agnes Anna Jarosch

Der Macht des negativen Denkens

sind kaum Schranken gesetzt,

denn wer suchet, der findet.

Paul Watzlawick

Wie schön wäre die Welt,

wenn jeder nur die Hälfte täte,

die er von anderen verlangt.

Curt Goetz

Erfahrung ist eine äußerst nützliche Sache.

Leider hat man sie immer erst kurz

nachdem man sie braucht.

Olivers Gesetz

Das Glas Wasser ist nicht halb leer,

sondern halb voll.

Der Schweizer Käse hat nicht nur Löcher, der Rest

schmeckt auch sehr gut.

Das Wetter ist nicht schlecht,

es gibt Dir Gelegenheit Dinge zu tun, die Du bei

Sonnenschein nicht erledigen wolltest.

Unbekannt